반짝반짝
별나라 여행

Original Title: Stars and Galaxies
Copyright © 2023 Dorling Kindersley Limited
A Penguin Random House Company

www.dk.com

반짝반짝 별나라 여행

제임스 버클리 주니어

DK | 삼성출판사

차례

별이 빛나는 밤에

별빛이 초롱초롱 밤하늘을 수놓아요. 별들이 달싹달싹 이야기꽃을 피워요.

헤아릴 수 없이 많은 별들이 밤하늘을 미끄러져 가요.

까만 도화지에 바늘로 뽕뽕 뚫어 놓은 구멍처럼 작은 별들이 쉴 새 없이 반짝거려요.

별은 눈에 보이는 것만큼 작지 않아요. 사실 별은
어마어마하게 크고 뜨거운 가스 덩어리예요. 다만
너무나 멀리 떨어져 있기 때문에 작아 보이는 거예요.
커다란 비행기가 하늘에 오르면 손톱만 해지는 것처럼
말이에요.
멀고 먼 우주 저 너머에서 별들이 찬란하게 불타올라요.
이 빛이 우리가 사는 행성인 지구에 닿으려면 엄청나게
긴 시간이 필요해요.

태양

태양보다 큰 별들

아래 적색 거성은 태양보다 반지름이 약 25배 더 커요. 청색 초거성은 태양보다 반지름이 약 75배나 더 크지요.

적색 거성

청색 초거성

낮에도 하늘에는 별이 떠 있어요. 하지만 태양이 너무 밝기 때문에 낮에는 다른 별을 볼 수 없어요. 그런데 태양도 별이에요. 지구와 가장 가까운 별이지요.

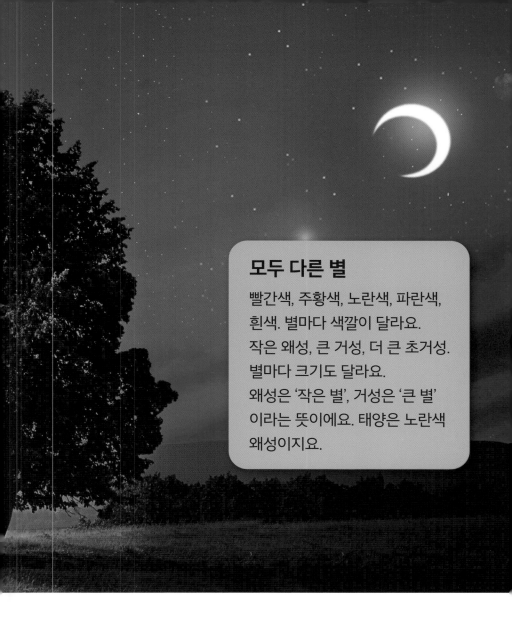

모두 다른 별

빨간색, 주황색, 노란색, 파란색,
흰색. 별마다 색깔이 달라요.
작은 왜성, 큰 거성, 더 큰 초거성.
별마다 크기도 달라요.
왜성은 '작은 별', 거성은 '큰 별'
이라는 뜻이에요. 태양은 노란색
왜성이지요.

태양은 지구에 낮과 밤을 만들고, 따뜻한 온기와 밝은
빛을 주어요. 태양이 없다면 지구에 생명체가 살 수
없었을 거예요.

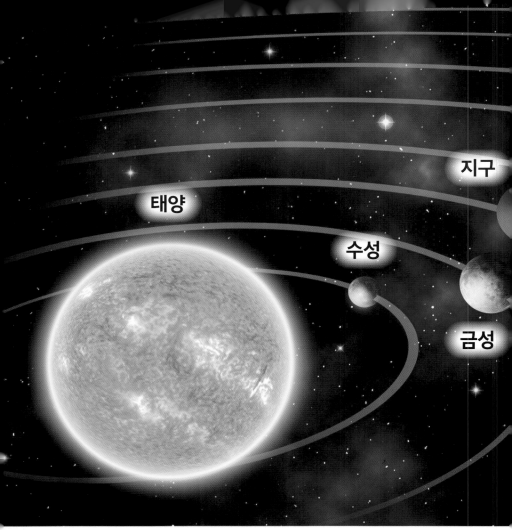

태양계

지구는 태양의 주변을 빙글빙글 회전하는 여덟 개의
행성 가운데 하나예요. 태양 둘레를 도는 것이 행성만은
아니에요. 행성의 둘레를 도는 위성, 행성보다 작은
소행성, 얼음과 먼지로 이루어진 혜성도 태양 둘레를
돌지요.

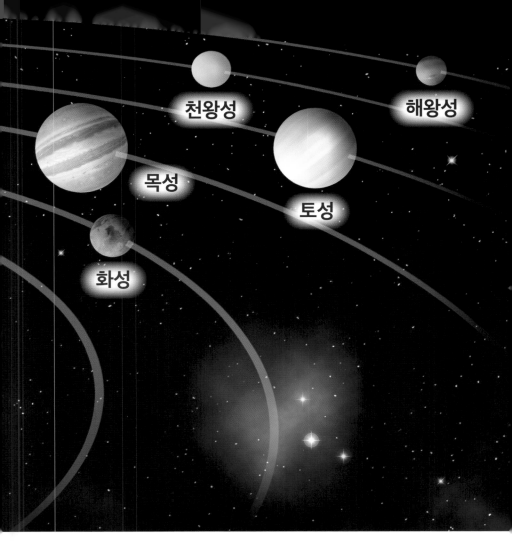

천왕성

해왕성

목성

토성

화성

태양과 태양 둘레를 회전하는 모든 것을 통틀어
'태양계'라고 불러요.

별이 들려주는 이야기

먼 옛날 밤하늘을 올려다보며 상상의 날개를 펴던
사람들이 별을 이어 모양을 만들면서 별자리가
탄생했어요.
아래 사진 좀 봐요. 별 무리에서 어떤 모양이
보이나요?

오리온자리

사냥꾼 오리온

점선 그리기를 하듯이 별들을 이으니까 오리온자리가
나타났어요. 그리스 신화 속 사냥꾼 오리온의 이야기를
들려주는 별자리예요. 가운데 별 세 개는 오리온의
허리띠지요.

별의별 이야기와 모양을 간직한 별자리가 참 많아요.
북두칠성 좀 봐요. 국자를 닮았어요.
별은 또 얼마나 많은지요. 북두칠성 위쪽, 북쪽 하늘
꼭대기에서 북극성이 밝게 빛나는군요.

북극성

북두칠성

북극성은 다른 별과 달리 움직이지 않고 언제나
제자리를 지켜요. 나침반이나 스마트폰이 없던 시절,
사람들은 북극성을 올려다보며 어느 쪽으로 가야 할지
방향을 알 수 있었어요.

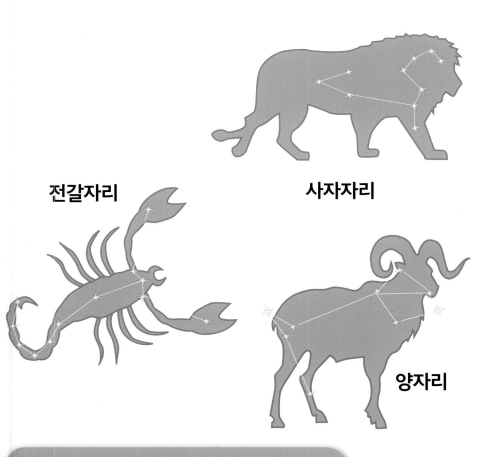

전갈자리

사자자리

양자리

밤하늘의 동물원
동물에 관련된 신화를 간직한 별자리가 많아요.
특히 사자자리나 양자리를 포함한 12개 별자리는
태양이 지나는 '하늘 길'에서 만날 수 있어요.

별들의 모임, 은하

별들이 모여 '은하'라고 불리는 큰 집단을 이루어요.
수없이 많은 별들이 한 덩어리가 되어 우주 공간을
날아가는 거예요.

때로는 은하끼리 모여 은하의 집단을 만들어 함께
움직여요. 우아, 상상하기조차 힘들 만큼 많은 별들이
모였어요!
은하들은 모양과 크기가 제각각이에요. 몇 가지 모양을
구경해 볼까요?

나선 은하

막대 나선 은하

불규칙 은하

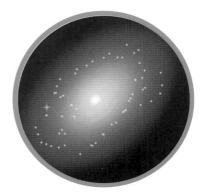

타원 은하

태양은 '은하수'라는 이름을 지닌 은하에 속한 별이에요.
지구에서 보면 은하수는 밤하늘을 가로지르는 희뿌연
줄무늬 같아요. 그래서일 테지요. 옛날 사람들은
그 줄무늬가 하늘에 뿌려진 우유나 은가루 또는 하늘을
흐르는 강물이라고 생각했어요. 은하수라는 이름도
'하늘을 흐르는 강물'이라는 뜻이에요.

은하수

우주는 끝을 알 수 없을 만큼 넓어요. 생각해 보세요.
은하 하나는 평균 1억 개의 별로 이루어져 있어요.
그런데 우주에는 그런 은하가 수천억 개가 넘어요!

우리가 사는 마을은 참 커요. 그러니 지구는 얼마나 크겠어요? 하지만 우주와 비교해 보면 지구는 먼지만큼 작아요. 우주 속의 지구에 대해 알아볼까요?

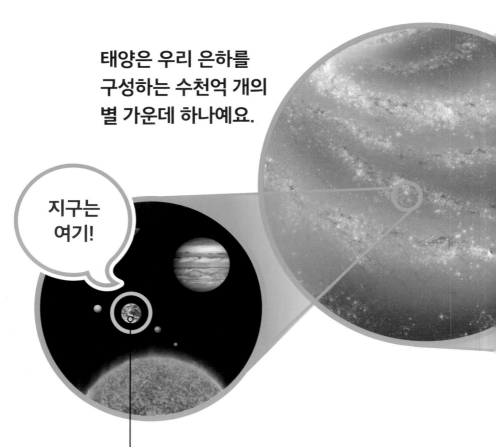

태양은 우리 은하를 구성하는 수천억 개의 별 가운데 하나예요.

지구는 여기!

지구는 우리의 아주 특별한 별인 태양 둘레를 회전해요.

우리 은하는 은하수라고 불려요.

우주에는 수천억 개가 넘는
은하가 있어요.

별밤의 관찰자

별을 관찰하고 싶다면 구름 한 점 없이 맑은 밤이 오기를 기다리는 게 좋아요. 밝은 불빛에 방해받지 않도록 도시에서 멀리 떨어진 장소를 고르는 일도 중요해요. 천체망원경이나 쌍안경을 이용하면 별을 더 자세히 관찰할 수 있어요.

천체망원경

쌍안경

별을 관찰하는 데에도 꾸준한 연습이 필요해요.
밤하늘이 선사하는 멋진 장면 두 가지를 아래에
소개할게요.

안드로메다 은하

달

허블 우주 망원경

허블 우주 망원경은 지구 둘레를 빙글빙글 돌아요.

시커먼 우주 공간 저 너머에 있는 별들을 촬영하지요.

동그라미 속 사진 좀 보세요.

제임스 웹 우주 망원경

제임스 웹 우주 망원경은 태양 둘레를 회전해요.
별과 은하의 모습을 보여 주는 놀라운 사진을 찍고
있어요. 동그라미 속 사진처럼 지금까지 알려지지
않았던 우주에 관한 새로운 사실을 전해 주지요.

별과 우주에 대한 모든 것을 연구하는 과학자를
천문학자라고 해요.
어때요, 미래의 천문학자가 된 기분으로 함께
밤하늘을 관찰해 볼까요? 무엇이 보이나요?

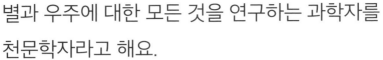

별자리표

별자리표를 보면
밤하늘에서 별과 별자리를
쉽게 찾을 수 있어요.

용어 정리

가스
일정한 모양이 없는 기체 상태의 물질

거성
태양보다 반지름이 수백 배 크며 열 배에서 수천 배나 더 밝은 별

별자리
사람, 동물, 사물의 모양을 닮은 별들의 무리

신화
옛날부터 많은 사람들에게 전해 내려오는 이야기

왜성
거성이나 초거성에 비해 작고 어두운 별. 태양도 이에 속한다.

우주
별, 행성, 은하를 포함하는 모든 것을 가리키는 이름

은하
수없이 많은 별이 모인 별들의 집단. 평균 1억 개의 별로 이루어진다.

천문학자
별, 행성, 은하 등 우주에 관한 모든 것을 연구하는 학자

초거성
태양보다 반지름이 30~1000배 크며 1000배에서 100만 배 이상 더 밝은 별

태양계
태양과 태양의 둘레를 빙글빙글 도는 행성, 행성을 도는 위성, 행성보다 작은 소행성, 얼음과 먼지로 이루어진 혜성의 모임

행성
중심이 되는 별의 둘레를 빙글빙글 도는 별. 스스로 빛을 내지 못한다.

퀴즈

이 책을 읽고 무엇을 알게 되었는지 물음에 답해 보세요.
(정답은 맨 아래에 있어요.)

1. 지구는 어떤 별의 둘레를 돌고 있을까요?

2. 별을 이어 모양을 만든 것은 무엇일까요?

3. 별들이 모여 큰 집단을 이루는 것은 무엇일까요?

4. 태양 둘레를 돌며 별과 은하의 사진을 촬영하는 망원경의 이름은 무엇일까요?

5. 천문학자는 무엇을 연구할까요?

1. 태양 2. 별자리 3. 은하 4. 제임스 웹 우주 망원경 5. 우주에 대한 모든 것

DK 읽는재미!
SUPER Readers

아이들의 흥미와 발달을 모두 고려한
체계적인 읽기 프로그램 <DK 읽는 재미>.
스트레스 없는 책 읽기를 통해
아이들의 문해력이 자연스럽게 향상됩니다.

LEVEL 1
스스로 읽어요

취학 전~ 초등 1학년